Gabriel Guarnieri

Vocação missionária

Subsídio para jovens e crismandos

Dados Internacionais de Catalogação na Publicação (CIP)
(Câmara Brasileira do Livro, SP, Brasil)

Guarnieri, Gabriel
   Vocação missionária : subsídio para jovens e crismandos / Gabriel Guarnieri.
– São Paulo : Paulinas, 2015. – (Coleção cartilhas)

Bibliografia
ISBN 978-85-356-3867-7

   1. Catequese - Igreja Católica 2. Catequistas 3. Crisma - Estudo e ensino 4.
Missionários - Vocação I. Título. II. Série.

14-13343   CDD-234.162

Índices para catálogo sistemático:
1. Catequese crismal : Teologia dogmática cristã 234.162

Direção-geral: *Bernadete Boff*
Editores responsáveis: *Vera Ivanise Bombonatto*
e Antonio Francisco Lelo
Copidesque: *Ana Cecilia Mari*
Coordenação de revisão: *Marina Mendonça*
Revisão: *Sandra Sinzato*
Gerente de produção: *Felício Calegaro Neto*
Diagramação: *Manuel Rebelato Miramontes*
Fotos: *Arquivo Paulinas*

1ª edição – 2015

*Nenhuma parte desta obra poderá ser reproduzida ou transmitida
por qualquer forma e/ou quaisquer meios (eletrônico ou mecânico,
incluindo fotocópia e gravação) ou arquivada em qualquer sistema ou
banco de dados sem permissão escrita da Editora. Direitos reservados.*

Paulinas
Rua Dona Inácia Uchoa, 62
04110-020 – São Paulo – SP (Brasil)
Tel.: (11) 2125-3500
http://www.paulinas.org.br – editora@paulinas.com.br
Telemarketing e SAC: 0800-7010081
© Pia Sociedade Filhas de São Paulo – São Paulo, 2015

Sumário

Apresentação 7

Introdução 9

Recordações 13

Milagres 15

A ordenação de três padres 19

Domingo: dia de confissões? Por que não? 22

"Padre Gabriel, quero entrar no seminário..." 27

Não mais favela e sim jardim... 31

Por favor, onde posso comprar? 35

Obrigado, crianças, pela lição de vida 40

Distribuindo um pequeno pedaço de pão 44

Festa das Missões 49

Dia da Primeira Eucaristia 53

Três sementes plantadas no coração da África 58

Apresentação

Querido jovem,

A graça de receber o sacramento da Crisma é uma experiência muito forte em sua vida. Os teólogos explicam que neste sacramento eclesial você está confirmando aquele marco indelével que vai acompanhar a sua história de amizade com Jesus Cristo até o último instante da vida aqui na terra (para quem tem fé, ninguém nasce à "toa": na vida de cada um de nós há um "porquê" e um "para quê"). O seu corpo, já consagrado pelo santo Batismo, vai se confirmando como templo vivo do Espírito de Deus; a sua alma imortal, já sacrário de Deus desde o primeiro instante, vai se confirmando como uma riqueza pura e perfeita que nada nem ninguém poderão tirar, cancelar, apagar ou destruir. Quanto mais entender sua vida como uma oportunidade a ser vivida, como uma vocação a ser amada, como uma missão a ser doada, como uma obra-prima a ser abraçada, mais encontrará o caminho da luz, da verdade, da simplicidade e da felicidade. Pense nisso: somos aquilo que amamos! Não é que amamos a Deus porque recebemos a Crisma: é que recebemos a Crisma porque Deus nos ama.

Caro irmão, Padre Gabriel, acho muito importante você ter a chance de partilhar suas reflexões com os jovens e os crismados. Olhei o texto e gostei muito.

Grande abraço! Fique com Deus!

† Marco Aurélio Gubiotti
Bispo da Diocese de Itabira – Cel. Fabriciano (MG)
"Pela Graça de Deus." (1Cor 15,10)

Introdução

O livro reúne simultaneamente elementos diferentes; por isso tem características diferentes:

a) é um diário missionário que conta o que vi, vivi, experimentei, aprendi...;

b) é rico de citações de São Guido Maria Conforti (fundador dos Missionários Xaverianos) e de Santa Teresa de Ávila (virgem e doutora da Igreja), mostrando que não existem separações entre vida ativa e vida contemplativa (existem sim distinções) e, também, que essas duas dimensões são complementares e necessárias na vida da Igreja e no coração do próprio missionário;

c) apresenta orações missionárias a serem rezadas a sós com Deus, em casa, na Igreja ou nos grupos;

d) usa o artifício literário de imaginar que aquilo que vivi torna-se uma carta (caríssimo Adriano... e Adriano é um seminarista, um filho espiritual!) que revela o desejo, a necessidade e a urgência de não desperdiçar o aprendizado de minha vida como sacerdote xaveriano italiano que gosta de pensar minha presença no Brasil como animador vocacional e missionário.

Este subsídio é uma ferramenta, um instrumento a ser usado para aumentar a partilha e a comunicação entre jovens e crismandos. É uma obra simples, rica de sinais de luz e de esperança, útil do ponto de vista pastoral para complementar a catequese porque, de uma forma original, aborda dois temas: vocação e missão, assuntos que raramente aparecerem unidos nos itinerários para crismandos e jovens de pós-crisma.

Por analogia, funciona como um livro de receitas de bolo: o mais importante não é simplesmente admirar as receitas e fechar o livro; mas treinar, ler as receitas e fazer o bolo! Por outro lado, de certa forma, constitui uma pedagogia, um método.

Em geral gostamos dos quatro pontos clássicos (úteis em qualquer atividade):

- *planejamos* aquilo que desejamos que aconteça;
- *realizamos* a obra com as nossas possibilidades e talentos;
- *avaliamos* aquilo que aconteceu;
- *escrevemos* tudo isso para firmar nossos pensamentos e intuições e para melhorar a nossa vida e, quem sabe, a vida dos outros.

Por último, quase sem pensar, *transmitimos* a preciosidade e a riqueza das nossas conclusões numa festa de aniversário ou num churrasco ou num simples passeio em dia de folga. Assim, ficamos satisfeitos por ter compartilhado a experiência.

Não estou dizendo que o ideal é demorar sete anos para encontrar o momento certo de tirar da gaveta o diário espiritual, as lições de vida, as conclusões, como aconteceu comigo. Claro que levei tempo demais para fazer isso.

Estou dizendo que "deixar por um tempo as coisas serenando na gaveta", na maior tranquilidade, e ter menos afobação e mais calma em divulgar os escritos pode ser muito mais enriquecedor, tanto para quem escreveu quanto para quem vai ler, e, quem sabe, para quem quiser divulgar.

Querido jovem, este subsídio é seu. Use-o para crescer em uma atitude de fé simples e de amizade profunda com Cristo dentro da Igreja. Pense nisso: procure descobrir Cristo em tudo e procure viver tudo em Cristo!

É o segredo da nossa felicidade. A nossa vida, nesse sentido, irá se tornar uma obra-prima que estamos escrevendo no dia a dia. *Os significados que damos aos fatos dos quais somos responsáveis e os propósitos que escolhemos para deixar que o nosso futuro realize os sonhos de Deus em nós fazem a diferença.*

E como dizia um provérbio chinês: não importa quantas bibliotecas vão ter o livro da sua vida lá nas estantes; o que importa é que o final dessa obra-prima (que você está escrevendo com Deus e Deus com você!) tenha um final feliz.

Aliás: se você tivesse o poder de fazer da sua vida um livro original, que título escolheria? E por que o escolheria?

Recordações

*"A prova de que Deus esteja conosco
não está no fato de que não venhamos a cair,
mas de que nos levantemos depois de cada queda."*
Santa Teresa de Ávila

Caríssimo Adriano...

Tinha 18 anos quando entrei no seminário xaveriano de Cremona, Itália. E em um belo dia o reitor me chamou para conversar no escritório. Quando entrei, ele me cumprimentou bem tranquilo, eu respondi com educação; conversamos um pouco sobre aquele ano que para mim deveria ser o ano de propedêutico... ; e, de repente, no meio da conversa, ele me perguntou: "Qual é mesmo a sua paróquia de origem? Você sabe: seria muito bom você manter contato com os amigos do seu grupo de jovens, mandar as notícias da nossa vida missionária e (sei lá!) encontrar já alguém que possa um dia substituí-lo aqui no nosso seminário, quando você for padre missionário xaveriano". Passaram-se mais de 30 anos daquele dia e aquela pergunta, que me parecia naquele momento meio esquisita, se tornou uma trilha, uma inquietação, uma dívida da qual, de vez em quando, me lembrava e sentia vontade de quitá-la. Por isso escolhi este título para esta cartilha vocacional e missionária. Quem sabe!

Você que vai rezar todo dia com este livro adquira coragem e força para responder "SIM, EU QUERO!" ao entrar no seminário, no mosteiro ou numa comunidade de vida missionária que Deus, pela mediação da Igreja, lhe mostrar. Quem sabe não poderia ser você aquele "substituto" que me foi pedido procurar para dar fruto e compartilhar o meu chamado de vida sacerdotal religiosa e missionária além-fronteiras?

"Temos de fazer tudo o que está a nosso alcance para realizarmos a missão de Deus em nossa vida: só assim poderemos convencer os outros a fazer o mesmo."

São Guido Maria Conforti

"Ó Senhor Jesus, tu és aquele a quem eu me consagrei, aquele que me fez ser o que sou."

Santa Teresa de Ávila

Oração missionária

Ó Senhor nosso Deus, concedei-nos força e sabedoria, discernimento e inteligência, coragem e humildade, mansidão e fortaleza para firmarmos nossos passos e nossos projetos na vossa Palavra e na vossa Providência; concedei-nos a luz para alcançarmos, pela morte e ressurreição do vosso Filho amado, aqueles bens eternos que na fé buscamos. Ó Senhor, fortificai o nosso coração e fazei brilhar a alegria nas nossas palavras, pensamentos e atividades vocacionais e missionárias. Ó Senhor, criai em nós um espírito novo; transformai-nos em verdadeiros adoradores do Pai celeste; tornai-nos autênticos, fortes, felizes, conscientes e perseverantes para enfrentarmos os conflitos, as dificuldades e os desafios que a história de hoje nos proporciona; livrai-nos de todos os males e tentações que as inimizades, o desânimo e a incredulidade tentam colocar em nossa vida missionária.

Louvor a vós, Jesus Cristo, amigo da humanidade e nosso amigo, Rei dos reis, Senhor da história e Senhor de nossa vida.

Maria, Mãe de Deus, Mãe da Igreja e Rainha das Missões,
Rogai por nós.

"Queremos colaborar com Jesus Cristo, missionário de Deus Pai, de uma forma simples, para formarmos dos povos uma só família que possa abraçar o mundo inteiro."

São Guido Maria Conforti

Milagres

*"Quem ama de verdade,
cria sempre comunhão na comunidade;
não fica nunca sozinho."*
Santa Teresa de Ávila

Caríssimo Adriano...

Tudo começou quando naquele bairro, numa cidade de Minas Gerais, uma comunidade pensou em escolher, como padroeiro, um santo (naquela época ainda bem-aventurado) quase desconhecido: Guido Maria Conforti, fundador dos Missionários Xaverianos. Na oração (e com muita fé e devoção!), o povo de Deus começou a experimentar o poder de sua intercessão para alcançar graças, sentindo sua presença de padroeiro, de pastor e de pai, atento às necessidades dos que confiam e acreditam na Providência de Deus. Quando aquela jovem mãe engravidou, todos na comunidade começaram a rezar (sem nunca desistir!), sabendo que seriam nove meses sofridos: conheciam os problemas da jovem moça, pois ela já tinha perdido uma filha. Pelo medo da criança não sobreviver, os obstetras decidiram fazer nascer a criança antes do tempo.

Ela deu à luz um menino: 25 semanas de gestação. Os médicos diziam: "O menino vai morrer". Ele viveu. No décimo quinto dia (com 700 gramas) sofreu uma parada cardíaca: de 15 a 20 minutos. Os médicos sentenciaram: "Se sobreviver, vai ficar com sequelas. Depois de problemas como esses, pode não andar, não falar, não ver...". Teve lesão cerebral.

Enquanto isso, a comunidade estava rezando, fazendo novenas... É nesse sentido que surgem as razões do milagre na capela do então bem-aventurado Guido Maria Conforti: a comunidade eclesial inteira rezava e, sobretudo, a mãe daquele menino. A mãe, quando percebeu que o filho parecia que não iria sobreviver (e por isso batizaram logo a criança...), fez esta oração ao Senhor: "Ó Senhor, pensávamos que meu filho fosse teu presente para nós; se tu quiseres levá-lo para junto de ti, leva-o; e nós não te perguntaremos por quê!".

E depois, com a avó e outras amigas, foram rezar a oração de Guido Maria Conforti pedindo a graça. Dois dias depois dessa oração, o menino começou a melhorar e ficou bom...

E o menino crescia sem qualquer sequela. Um ano, dois anos, três anos e a criança parecia desafiar todos os diagnósticos dos obstetras, dos pediatras, dos oftalmologistas...

O arcebispo de Belo Horizonte mandou instruir o processo (out./nov. 2005). As atas, assim como toda a documentação (diário clínico, diário das terapias médicas, resultado dos exames, testemunhos dos médicos e enfermeiros etc.), foram lacradas e enviadas a Roma. Sete médicos na Itália examinaram toda a documentação e concluíram unânimes que a cura efetuada naquele menino não tinha explicação científica (6 mar. 2010). Sete teólogos reconheceram que houve a oração do povo e a intercessão do então bem-aventurado Guido Maria Conforti.

O Papa Bento XVI, no dia 10 de dezembro de 2010, assinou o decreto afirmando que o evento podia ser definido como "milagre". Aquele menino chegou à idade de 8 anos, no dia 3 de agosto de 2011. E nos estudos ia muito bem. E isso é a última prova do milagre: a partir do momento em que ele saiu do hospital, os médicos (por causa do problema que teve no cérebro: quando o coração dele parou por quase meia hora) achavam que o menino não iria poder nunca caminhar nem falar. Deveria ser o último da turma também na escola...

Houve só uma "sequela": aumentou a fé do povo de Deus que assistiu a um acontecimento que mais uma vez vem nos confirmar que Deus está presente em nossa história e que, se o poder da fé "transplanta montanhas", milagres acontecem...

"A vida do missionário é muito preciosa aos olhos de Deus; e a vida do missionário serve para celebrar a glória de Deus e para semear a caridade de Jesus nos povos do mundo."

São Guido Maria Conforti

"Trate-o como pai, irmão, mestre, esposo, ora de uma maneira ora de outra. Ele é Deus, e ele mesmo te ensinará o que tu deves fazer para realizar a vontade dele."

Santa Teresa de Ávila

Oração missionária

Deus Pai de todos os povos da terra, nós vos louvamos pelo "sim" dos vossos servos, santos e mártires. Contemplando Jesus Cristo, missionário de Deus Pai, eles consagraram a própria vida, história, energias, tudo o que receberam do Espírito Santo vivificador para o anúncio do Evangelho da missão e da vida em abundância. Nós vos pedimos, por vossos exemplos e por vossa intercessão, aumentai nossa fé, nossa confiança, fidelidade, perseverança e suscitai vocações missionárias aqui e além-fronteiras. Ensinai-nos a ser anunciadores do vosso amor eterno, testemunhas de esperança, animadores de comunhão e construtores de um mundo mais humano, mais justo, mais fraterno, mais família de Deus. Gratos pela nossa vocação e missão, pelos exemplos de vida de consagração exclusivamente a Cristo de muitos santos, profetas e mártires, nós, missionários do mundo inteiro, ó Deus nosso Pai, por Jesus Cristo e em comunhão com o Espírito Santo, vos damos graças e nos empenhamos a ser vossos discípulos missionários.

Louvor a vós, Jesus Cristo, amigo da humanidade e nosso amigo, Rei dos reis, Senhor da história e Senhor de nossa vida.

Maria Mãe de Deus, Mãe da Igreja e Rainha das Missões,

Rogai por nós.

"Queridos missionários, vivam praticando a caridade: carregando os fardos uns dos outros, e assim estarão cumprindo a lei de Cristo."

São Guido Maria Conforti

A ordenação de três padres

*"A amizade sincera e profunda
é a mais verdadeira
realização da pessoa."*
Santa Teresa de Ávila

Caríssimo Adriano...

Naqueles dias, três diáconos da nossa diocese foram ordenados sacerdotes. A Igreja estava lotada, sinal de uma participação muito grande do povo e de uma expectativa muito viva: afinal, é sempre uma emoção muito forte poder ver jovens que se consagram a Deus respondendo "sim" para o chamado ao sacerdócio e prometendo serem fiéis à própria missão para sempre, até a morte.

A presença de vários padres religiosos e de irmãs e consagradas me fez lembrar de todas as coisas que antigamente me ensinaram no seminário a respeito da amizade entre os padres que formam o presbitério numa diocese. Os exemplos, atitudes e a colaboração entre os sacerdotes e o bispo é o sinal da verdadeira fraternidade que o povo precisa para acreditar na força do Evangelho da missão que é Cristo Jesus.

Fui até aquela ordenação mesmo sabendo que poucos me iriam cumprimentar (a minha presença e participação na vida da diocese haviam se iniciado só a um ano atrás); mesmo assim foi bem interessante sentir que eu também, um quase recém-chegado, de certa forma fazia parte da festa. E o meu coração vibrava não somente pelo fato de os três jovens se tornarem sacerdotes, e sim porque eu podia rezar com e por eles abençoando sua missão como um dia os padres presentes abençoaram em Parma, Itália, a minha missão.

O bispo na homilia citou a frase de Paulo VI que dizia que a missão do padre é servir e que a autoridade na Igreja se justifica só como serviço.

A novidade destas palavras ressoou na minha memória não tanto pelo conteúdo em si, mas pela felicidade plena e pela paz verdadeira de que o missionário, sacerdote e religioso usufruem ao praticar o Evangelho do serviço. Por isso, quanto mais caminho como padre (lendo, aprendendo, estudando e meditando), mais fico maravilhado de ver que tudo aquilo que me impressiona com respeito à dignidade, coragem e responsabilidade de enfrentar os desafios para ser cada vez mais discípulo de Jesus já me fora ensinado nos anos de minha formação inicial no seminário.

O bispo citou também uma frase de Santo Agostinho que trata do coração inquieto do homem até não repousar na paz de Deus. O vazio, a saudade de Deus, o desejo de infinito que está no nosso coração somente no Paraíso, na Cidade Celeste será satisfeito em sua plenitude. Se o bispo, durante a ordenação, recordou esta frase significa que o sacerdote vive no mundo, encarna-se numa terra, constrói a Igreja; ao mesmo tempo a sua vida pertence a Deus. A mesma missão do padre é um dom que vem do alto e, portanto, somente nos céus terminará.

Voltando para casa pensei na alegria e na emoção presentes no rosto dos três padres recém-ordenados; lembrei-me também da minha ordenação e da festa que houve. Lembrei-me do dia seguinte, depois da festa, quando cessam por um momento os aplausos e continua outro tipo de festa: viver, anunciar e celebrar Cristo Eucaristia na própria carne e na consagração no dia a dia. Também refleti sobre o fato de ajudar os adolescentes e os jovens a responderem com um "sim" ao chamado de Jesus Cristo. Senti que fazer bem a minha tarefa, cumprir com autenticidade a minha missão acompanhando os vocacionados na formação e no discernimento é a razão da minha vida.

"Desejo para vocês, queridos missionários, aquela caridade que os torna superiores em tudo, que nunca termina, porque é forte como a morte e busca somente as coisas de Jesus Cristo."

São Guido Maria Conforti

"Para nosso crescimento espiritual, não se faz necessário muito pensar, mas sim muito amar. Como adquirir este amor? Decidindo agir e sofrer; e praticando isso em qualquer circunstância da nossa vida."

Santa Teresa de Ávila

Oração missionária

Deus Pai de todos os povos da terra, nós vos louvamos pelo "sim" dos vossos servos, santos e mártires. Contemplando Jesus Cristo, missionário de Deus Pai, eles consagraram a própria vida, história, energias, tudo o que receberam do Espírito Santo vivificador para o anúncio do Evangelho da missão e da vida em abundância. Nós vos pedimos, por vossos exemplos e por vossa intercessão, aumentai nossa fé, nossa confiança, fidelidade, perseverança e suscitai vocações missionárias aqui e além-fronteiras. A partir deste manancial de vida verdadeira e eterna, os vossos servos e apóstolos tiraram aquele intensíssimo amor de gratuidade que os impulsionou a imolar-se, como hóstias vivas, por seus povos, pela Igreja e pela humanidade inteira. Alegres, confiantes, agradecidos por tantas graças recebidas e pelos exemplos destas lindas consciências na vida de santidade, nós, missionários do mundo inteiro, ó Deus nosso Pai, por Jesus Cristo e em comunhão com o Espírito Santo, vos damos graças e nos empenhamos em transformar o nosso coração, nossa vontade, nossa inteligência e toda a nossa vida à vossa imagem.

Louvor a vós, Jesus Cristo, amigo da humanidade e nosso amigo, Rei dos reis, Senhor da história e Senhor de nossa vida.

Maria, Mãe de Deus, Mãe da Igreja e Rainha das Missões,

Rogai por nós.

"O sacerdote missionário deveria pôr o crucifixo no lugar onde estuda, porque a santa cruz é sinal da sabedoria de Deus e difunde luz viva sobre todas as verdades naturais e sobrenaturais."

São Guido Maria Conforti

Domingo: dia de confissões? Por que não?

"Se conseguirmos falar bonito com as pessoas, por que não podemos falar bonito com Deus?"
Santa Teresa de Ávila

Caríssimo Adriano...

Antes da santa missa no domingo, um jovem aproximou-se de mim e gentilmente me pediu para confessá-lo. Respondi-lhe que sim, de preferência não antes, mas depois da missa, mesmo sabendo que logo em seguida teria uma missa numa comunidade um pouco distante.

O fato interessante foi que depois da santa missa apareceu não somente aquele jovem que queria confessar-se (e que tinha me pedido), e sim também outros dois com o mesmo desejo. Fiquei meio sem graça, pensei um pouco, olhei o relógio, desculpei-me dizendo que ficaria meio corrido – três jovens naquele momento –, que era tarde e que se eles quisessem confessar-se podiam fazê-lo comigo ou com outros padres com mais calma nas noites durante a semana depois da missa. Não sei se eles escutaram e aceitaram as minhas palavras, não sei se o fato de eu colocar a minha pressa de sair daquela comunidade para correr e rezar a missa numa outra capela foi bastante contundente: o que sei é que isso tudo me tocou o coração e me questionou um pouco. Qual ensinamento podia e posso aprender pensando nesse fato e no pedido feito por três jovens de quererem confessar-se num domingo?

Naquela ideia meio esquisita de definir a nossa paróquia na subdivisão de quatro categorias (liderança de leigos, povo, afastados, equipe de padres e irmãs), esse pedido mostra que o sacramento da Reconciliação fortalece a vida espiritual do jovem e cria laços com a comunidade. Os jovens ou, melhor, alguns jovens têm sede disso.

O sacramento da Reconciliação poderia ter aos domingos um momento privilegiado a ser vivenciado: numa paróquia da periferia das grandes cidades do Brasil, numa paróquia como a nossa, em que às vezes o lugar em que se mora parece um grande dormitório, onde as pessoas (também os jovens que querem ser alguém na vida!) saem muito cedo para trabalhar ou para estudar e voltam para casa somente à noite, é justamente nos domingos que se torna mais fácil procurar o sacerdote e abrir o coração a Deus.

Refletindo sobre as atitudes que eu, como padre, missionário, poderia vivenciar, o maravilhoso sacramento da Reconciliação se tornaria um entre os grandes dons que na comunidade, na paróquia, Deus pode oferecer e o nosso povo pode receber.

Tudo que aprendi no curso de Pedagogia, em Roma, a respeito da direção espiritual e do acompanhamento espiritual na pastoral está me ajudando a ver o sacramento da Reconciliação como uma experiência de fé e de amadurecimento espiritual, em que o padre, como guia, pastor, pai e amigo, pode dar coragem, compreender e confortar.

Nesse sentido se o sacramento da Reconciliação e acompanhamento espiritual, de um lado, não têm a mesma natureza e eficácia; de outro, podem muito bem ajudar os nossos jovens vocacionados a sentir que podem ser ouvidos, acolhidos, amados pela misericórdia e fidelidade de Deus. No passado, eu tinha dúvida sobre a pedagogia que o padre deveria seguir: se primeiro era a confissão e depois a direção espiritual, ou o contrário, ou tudo junto. Neste momento, o que mais me questiona e cria em mim uma pedagogia de resposta é a observação. Ver como o jovem vocacionado se sente, o que acha melhor, em que momento da vida ele se encontra e qual é o contexto que vai surgindo (se é mais uma confissão de erro ou uma comunicação de problemas ou uma "vitrine" de dúvidas e perguntas). Os paroquianos da localidade onde estou, em Minas, associam a presença do padre, sobretudo, com a santa missa:

quanto mais celebrações eucarísticas o padre rezar, melhor (e que bom ter padres). Concordo! Agora, um dos meus santos missionários preferidos (São Francisco Xavier) falava das três coisas fundamentais que ele fazia e que o missionário deveria fazer: celebrar matrimônios na Igreja, batizar e confessar...

"O grande mistério da Santa Cruz é, no fundo, loucura para aqueles que não acreditam que Cristo ressuscitou: é mistério de força e das virtudes do nosso Senhor para aqueles que, pelo contrário, põem na Santa Cruz toda a esperança de vida e de salvação."

São Guido Maria Conforti

"Ó Senhor, se queres meu repouso, quero por amor repousar. Se tu me ordenas trabalhar, quero morrer trabalhando. Sim, Senhor, que queres fazer de mim? Dize-me onde, como e quando."

Santa Teresa de Ávila

Oração missionária

Deus Pai de todos os povos da terra, nós vos louvamos pelo "sim" dos vossos servos, santos e mártires. Contemplando Jesus Cristo, missionário de Deus Pai, eles consagraram a própria vida, história, energias, tudo o que receberam do Espírito Santo vivificador para o anúncio do Evangelho da missão e da vida em abundância. Nós vos pedimos, por vossos exemplos e por vossa intercessão, aumentai nossa fé, nossa confiança e perseverança e suscitai vocações missionárias aqui e além-fronteiras. Os vossos amigos e profetas, como lâmpadas acesas para iluminarem o mundo, mais pelos exemplos que pelas palavras, tudo toleraram, tudo creram, tudo esperaram, a tudo se fizeram superiores, perseverando nisso até a morte. Assim, foram testemunhas do Evangelho e exemplos de generosidade, de alegria, de ressurreição e de esperança. Gratos por tão grandes exemplos de fé, de dedicação e de coragem, todos nós, missionários do mundo inteiro, vocacionados nesta missão continental, ó Deus nosso Pai, por Jesus Cristo e em comunhão com o Espírito Santo.

Louvor a vós, Jesus Cristo, amigo da humanidade e nosso amigo, Rei dos reis, Senhor da história e Senhor de nossa vida.

Maria, Mãe de Deus, Mãe da Igreja e Rainha das Missões,

Rogai por nós.

"Se trabalharmos para a glória de Deus, o nosso serviço e o nosso testemunho serão cada vez mais fecundos. O apostolado é essencial na Igreja, representa a identidade dela. A Igreja vive o apostolado pela Palavra que converte, pela caridade que não conhece barreiras e pela graça na liturgia dos sacramentos."

São Guido Maria Conforti

"Padre Gabriel, quero entrar no seminário..."

*"A amizade com Deus
e a amizade com os irmãos constituem
uma mesma realidade,
não podemos separar uma da outra."*
Santa Teresa de Ávila

Caríssimo Adriano...

Quando celebrava a santa missa naquela comunidade, sempre levava objetos missionários, pequenos terços, revistas, propostas da Infância e Adolescência Missionária; e, geralmente, envolvia as crianças para tomarem conta da pequena "loja". Abrir uma pequena mesinha antes e depois da missa constitui sempre uma ocasião para falar principalmente com adolescentes e com jovens sobre vocações, missões e o sentido da vida.

Naquele dia, após abrirmos como de costume a nossa mesinha, um menino, sem mais nem menos, perguntou-me: "Padre Gabriel, ainda está de pé a proposta de eu ir para o seminário?". "Claro!", respondi-lhe. Ele continuou, "no começo, quando me chamou, eu não queria, mas depois comecei a gostar dessa ideia. E agora quero entrar".

Fiquei admirado com a simplicidade destas palavras que, brotando do coração de uma criança de 10 anos, mostrava o mistério de nossa vida feita de escolhas e renúncias, desejos e decepções. Incrível! Eu estava procurando sempre o contexto mais adequado, as palavras certas, o jeito mais suave para não "pegar pesado" ou iludir ninguém; e, de repente, este menino chega, fala e pronto! Interessante. Como as pessoas se lembram e dão relevância às coisas que querem. Não me recordava de quando falara com esse adolescente sobre o seminário, considerando que, pela lei da progressividade, não ficava bem insistir sobre a possibilidade de ser padre ou seminarista com meninos tão jovens assim. Agora, se ele me disse isso, com certeza alguma coisa se passou.

Significativo! Mesmo não tendo gostado inicialmente, mas agora começando a gostar da ideia, me perguntou se eu estava convencido e se mantinha a mesma proposta e convite. Isso mostra como as pessoas que escutam o chamado e concordam com ele sentem a necessidade de saber (e neste caso até discernir e definir com clareza) se a conversa é mesmo séria, ou se as palavras são simplesmente da boca para fora.

Não é só falar de vocações: mas acreditar, perseverar e propor, respeitando sempre o tempo e o momento em que Deus age no coração e na história dos vocacionados. Maravilhoso! Esta experiência me mostrou mais uma vez que também os adolescentes querem saber por que estão neste mundo.

O desejo mais importante da nossa vida é dar sentido àquilo que fazemos. Ser padre poderá ser um sonho lindo na vida de muitos jovens, e de fato na minha vida foi assim que aconteceu. Será que ao realizar o desejo de ser seminarista e padre, no fundo, estarei realizando a vontade que Deus insuflou em mim quando me criou; aliás, antes que eu nascesse, desde sempre?

Uma frase de meu amigo chinês diz assim: "Ter sonhos é covardia, coragem mesmo é ter visões". Isto me confirma um ensinamento: se uma pessoa escolher a passividade e a preguiça de espectador que culpa o céu e os outros pela sua infelicidade, acabará transformando o próprio sonho num bode expiatório... se permanecer chorando e com mau humor, escolhendo ser "figurante" e não protagonista da própria vida, no mínimo seu futuro ficará muito atrapalhado.

De outra forma, quando a visão alimenta as nossas energias, o nosso carisma, qualidades, convicções e talentos, a pessoa luta, conquista, espera, deseja, planeja e ama como "um guerreiro" que já se sente vencedor antes do término da batalha. Porque acredita que vai ser feliz e, mais ainda, vai fazer alguém feliz. Por isso, pensando naquele vocacionado, gostaria de dizer-lhe: "Tomara, meu amigo, que a sua palavra se torne uma visão em sua vida como discípulo, missionário e testemunha do Evangelho da esperança".

"Qual foi o poder dos Apóstolos? Pela graça de Deus Pai e pelo poder do Espírito Santo, eles se tornaram pescadores de homens. Nós também podemos melhorar, podemos fazer discípulos de Jesus e podemos transformar o mundo."

São Guido Maria Conforti

"Que nada te perturbe, que nada te amedronte. Tudo passa; Deus não muda. A paciência alcança tudo. A quem tem Deus, nada lhe falta. Só Deus basta."

Santa Teresa de Ávila

Oração missionária

Deus Pai de todos os povos da terra, nós vos louvamos pelo "sim" dos vossos servos, santos e mártires. Contemplando Jesus Cristo, missionário de Deus Pai, eles consagraram a própria vida, história, energias, tudo o que receberam do Espírito Santo vivificador para o anúncio do Evangelho da missão e da vida em abundância. Nós vos pedimos, por vossos exemplos e por vossa intercessão, aumentai nossa fé, nossa confiança e perseverança e suscitai vocações missionárias aqui e além-fronteiras. Jesus Cristo foi íntimo na contemplação, passando a noite em oração; intenso e autêntico no exercício da caridade de bom pastor, ensinando e pregando, anunciando e curando toda espécie de doenças, desesperos e pecados. Também os vossos servos e santos foram assíduos na dedicação pastoral para com a Igreja e conseguiram ser apóstolos do Evangelho, harmonizando a contemplação e a ação até considerá-las dever e necessidade de todos os dias, regra suprema do próprio pensar, viver e agir. Gratos e admirados por tão grandes exemplos de harmonia entre ação e contemplação, nós, missionários do mundo inteiro, ó Deus nosso Pai, por

Jesus Cristo e em comunhão com o Espírito Santo, vos damos graças e nos empenhamos a sermos vossos discípulos missionários.

Louvor a vós, Jesus Cristo, amigo da humanidade e nosso amigo, Rei dos reis, Senhor da história e Senhor de nossa vida.

Maria, Mãe de Deus, Mãe da Igreja e Rainha das Missões,

Rogai por nós.

"O sinal que faz reconhecer quem vive para Deus é a caridade; ou seja, a vida doada aos outros."

São Guido Maria Conforti

Não mais favela e sim jardim...

*"Nos momentos de tristeza e de inquietação,
não podemos abandonar
nem as boas obras de oração
nem a penitência a que estamos habituados.
Antes, podemos intensificar tudo isso.
E dessa forma veremos com que prontidão
o Senhor nos sustentará."*
Santa Teresa de Ávila

Caríssimo Adriano...

Participei do "despertar vocacional" em nossa diocese, organizado pela pastoral vocacional. Foi uma tarde bem animada e agradável, com a presença de adolescentes, jovens, crianças e com a assessoria de algumas irmãs, padres e seminaristas.

Por ser a primeira vez que participava de uma reunião desse tipo, cheguei lá com muita calma, sem expectativa ou tarefa por fazer: observei como a equipe alcançou o clima adequado de oração, entrosamento, amizade e alegria.

O que me chamou atenção não foi tanto a proposta de conteúdo nem a articulação das atividades da tarde, mas a encenação do grupo de jovens fechando a primeira parte do encontro. Mais uma vez percebi a importância de conhecer a realidade das pessoas com as quais relaciono: de onde elas vêm, sua situação emocional e afetiva.

Sempre pensei que educar não significasse repetir a realidade e sim transformar as pessoas. A encenação sobre o tema da vocação envolvendo aquele grupo de jovens, e conduzida pelo catequista coordenador, foi demais, e quase abalou a minha convicção. Tratava o tema do despertar: "Ide também vós para a minha vinha". O detalhe que me impressionou foi como o grupo chegou ao desfecho.

Na encenação, a cena de um roubo: a catequista assaltada, a polícia na rua, um morto a tiros pela polícia, uma outra menina presa. Tudo isso se tornou matéria a ser utilizada: uma forma de dialogar com os pobres marginais arrependidos, e no final houve o comentário do coordenador lembrando que, mesmo machucados, feridos, assustados, todos nós podemos participar de um grupo vocacional...

Na minha vida de padre, pela primeira vez me deparei com uma abordagem vocacional tão violenta, e de fato fiquei meio pensativo. Voltando para casa de carro e com aquele trânsito da noite (demorei por causa disso somente uma meia hora a mais!), perguntei-me: O que o chamado de Deus tem a ver com roubos, furtos, policiais, assassinatos, choro e gritaria? Será que o mundo de uma grande periferia do Brasil é isso mesmo? Será que um padre, para falar sobre vocação e vida missionária, tem que bancar um super-homem armado e pronto para combater os criminosos que encontra na rua?

Ninguém pode escolher o lugar onde vai nascer; mas todos nós podemos escolher como viver e como lidar com isso. Se a realidade das grandes periferias no Brasil nunca vai ser um seminário feliz, calmo, tranquilo e se a proposta do seminário em si não funciona porque às vezes entre os jovens o rótulo de seminarista fica muito ofensivo...

Vou fazer algo novo, vou procurar outro caminho para que o terreno em que Deus semeia o seu chamado seja menos dramático, um pouco mais natural e quem sabe abençoado pela força do Espírito da Vida que, quando chama, esquece a geografia e pode fazer amizade e aliança com o coração dos adolescentes e jovens em qualquer lugar do mundo. Acho que vou mudar o nome da minha comunidade: não se chamará mais favela, e sim jardim; não se chamará mais conjunto habitacional, e sim terra dos sonhos.

"Os santos trabalharam para formar em si mesmos Jesus Cristo, assim como o artista que trabalha com o mármore usa o martelo para conseguir realizar e formar a própria obra-prima."
São Guido Maria Conforti

"Quem continua caminhando, mesmo que devagar, afinal vai chegar. Para mim, afastar-se do caminho é afastar-se da oração."
Santa Teresa de Ávila

Oração missionária

Deus Pai de todos os povos da terra, nós vos louvamos pelo "sim" dos vossos servos, santos e mártires. Contemplando Jesus Cristo, missionário de Deus Pai, eles consagraram a própria vida, história, energias, tudo o que receberam do Espírito Santo vivificador para o anúncio do Evangelho da missão e da vida em abundância. Nós vos pedimos, por vossos exemplos e por vossa intercessão, aumentai nossa fé, nossa confiança e perseverança e suscitai vocações missionárias aqui e além-fronteiras. No plano do vosso amor infinito, compassivo e sempre fiel, quisestes chamar-nos para nos tornar semelhantes à imagem de Jesus Cristo, a fim de que ele fosse o princípio e a meta, o Caminho, a Verdade e a Vida de nossa vida, e para a salvação da humanidade. Nós vos damos graças, ó Deus nosso Pai, porque quisestes revelar este mistério a muitos santos, catequistas e testemunhas do Evangelho: atraídos por Cristo, de modo profundo e autêntico, eles quiseram viver como sinais dele, a fim de que todas as atividades apostólicas e pastorais em todos os continentes manifestassem a vida de Cristo vivo e presente no coração da Igreja discípula, profética, vocacional e missionária. Gratos por tantos dons e milagres de amor, pelos exemplos de autêntica consagração a Cristo, na Igreja e para o mundo, nós, missionários, ó Deus nosso Pai, por Jesus Cristo e em comunhão com o Espírito Santo, vos damos graças e nos empenhamos a sermos vossos discípulos missionários.

Louvor a vós, Jesus Cristo, amigo da humanidade e nosso amigo, Rei dos reis, Senhor da história e Senhor de nossa vida.

Maria, Mãe de Deus, Mãe da Igreja e Rainha das Missões,

Rogai por nós.

"Os santos não se santificaram todos da mesma forma e pelos mesmos caminhos, mas nas mais diferentes situações: mesmo assim todos viveram na mesma lei de buscar a perfeição no Evangelho."

São Guido Maria Conforti

Por favor, onde posso comprar?

"Ó Senhor,
sou tua porque tu me criaste;
tua porque tu me resgataste;
tua porque tu me suportaste;
tua porque tu me chamaste;
tua porque tu me esperaste;
tua porque não me perdi.
Que queres fazer de mim e da minha vida?"
Santa Teresa de Ávila

Caríssimo Adriano...

Na primeira vez fiquei meio pensativo, porque na verdade aquele homem meio escondido, ou melhor, que tentava se esconder na estação do metrô, me fez pensar que as coisas importantes, as riquezas que possuímos, tudo o que a nossa história tem de valioso não pode ser jogado fora ou esquecido ou perdido só por descaso, preguiça ou incompetência.

Fiquei abismado porque o "tesouro" desse homem era simplesmente um amontoado de latinhas de refrigerantes: ele estava escondendo latinhas, arrumava-as como se fossem pedras preciosas. Claro que não falei com ele nem consegui acompanhar o "evento" da venda dessa mercadoria de forma prolongada: eu estava viajando no trem do metrô e vi passar esse "filme" só porque o trem parou e o cidadão estava lá, de pé, escondido.

A segunda vez foi ainda mais interessante. Eu, como sempre no trem do metrô, e esse cidadão recolhendo latinhas e colocando-as na sacola. O que me impressionou foi o ritual: o cidadão olhava bem a latinha, colocava-a na sacola, sorria, pegava outra, feliz da vida, com o cuidado de tratar aquele "tesouro" com muita delicadeza, carinho, quase devoção.

Voltando para casa comecei a pensar, lembrei-me da primeira vez, e logo percebi que em tudo isso tinha alguma coisa, uma lição, um ensinamento que aquele homem (sem querer) estava me oferecendo. Eu aluno, ele professor. E compreendi: o ensinamento era no tocante à atitude de respeito, de quase devoção, algo que o missionário deve ter em tudo que realiza. Qualquer que seja a ação, o que importa mesmo é a minha postura, o meu olhar, a minha participação (isso tudo faz e vai fazer a diferença).

O corpo fala e não mente: aquele homem estava totalmente concentrado numa operação de reciclagem. E eu, no fundo, quando posso dizer que estou totalmente concentrado, inteiro, presente em mim mesmo e fazendo as coisas com a minha alma? Aquele homem estava fazendo o suposto "trabalho" dele com muita calma, sem afobação. Será que eu, quando estou fazendo aquilo de que gosto como padre, assessor vocacional, missionário além-fronteiras, tenho a mesma postura, a mesma calma, tranquilidade, fazendo tudo com o encanto no coração de servir a Deus e de tornar cada minuto da minha vida um "presentão", uma dádiva, uma bênção dos céus para mim? Aquele homem parecia sozinho contemplando as suas doze latinhas: a direção do seu olhar era clara, o objetivo era simples. Será que nós, missionários, quando fazemos alguma coisa em nome de Deus e por ele, pensamos somente em Deus e no Evangelho, minimizando qualquer tipo de dificuldade que só nos faz perder o foco da atividade e no fundo não serve para nada? Será que o meu olhar como missionário que quer melhorar o mundo evangelizando é tão forte que nunca perde a própria alegria e, sem fingimento, nem frieza, continua a crescer na verdade da própria missão, amadurecendo cada dia junto com ela?

Outra vez, lá na Itália, na cidade onde estudei Teologia, Parma, um professor e doutor "de vida na rua" (talvez disfarçado de pobre e mendigo) parou na minha frente e começou a conversar comigo. Eu tinha acabado de rezar a santa missa, estava saindo do templo e ele me disse: "Amigo, nunca esqueça: para conhecer as pessoas, você tem que olhá-las e fixar-se no rosto delas, entrar nos olhos delas e sentir a força do olhar, porque a força, a energia de uma pessoa está no olhar".

Aconteceu assim e aprendi a lição: se for importante o que possuo e tenho nas minhas mãos, é, no fundo, também importante ver e sentir como estou tratando aquilo que tenho. A luz de nossa vida sai de dentro para fora, a riqueza, mais do que herança, é uma escolha, e apaixonar-se por Deus é o segredo da felicidade de nós missionários além-fronteiras.

Aquele homem tinha latinhas nas mãos e parecia manusear cheques de grande valor. O coração dele estava lá porque talvez o tesouro dele estivesse lá. Se um dia se repetir outra cena desse mesmo "filme" – e quem sabe com o mesmo ator e professor –, prometo a mim mesmo que vou descer do trem do metrô, aproximar-me do cidadão e, olhando nos seus olhos, vou perguntar-lhe: "Meu amigo, aliás, meu professor, sei onde aqui no Brasil posso adquirir doze latinhas de refrigerante e depois vendê-las. Agora, esse seu olhar quase de devoção, essa garra de viver, de lutar, de ser ator da sua vida, de acreditar nas suas mãos e dar seu melhor, o seu máximo na obra que está realizando, por favor, onde posso comprar?".

"Na busca da santidade, as virtudes são uma constante ascensão pelo caminho da perfeição, um contínuo progredir na união com Deus, um perene crescimento para adquirir aquela sabedoria que nos prepara para realizar as obras que Deus quer realizar em nossa vida."

São Guido Maria Conforti

"Tu és soberana majestade; tu, eterna sabedoria, bondade que tu expandes em minha alma; Deus soberania, ser único, misericórdia, vede como é pequeno o ser que hoje proclama teu amor com estas palavras."

Santa Teresa de Ávila

Oração missionária

Deus Pai de todos os povos da terra, nós vos louvamos pelo "sim" dos vossos servos, santos e mártires. Contemplando Jesus Cristo, missionário de Deus Pai, eles consagraram a própria vida, história, energias, tudo o que receberam do Espírito Santo vivificador para o anúncio do Evangelho da missão e a vida em plenitude. Nós vos pedimos, por vossos exemplos e por vossa intercessão, aumentai nossa fé, nossa confiança e perseverança e suscitai vocações missionárias aqui e além-fronteiras. Deus Pai, no vosso Filho crucificado, morto e ressuscitado, restaurastes o mundo e todo o universo e infundistes a vossa multiforme sabedoria em vossos filhos enriquecendo-os de vossos dons e de vossas riquezas espirituais. Assim, muitos de vossos santos, catequistas, profetas foram dedicados na ação e ardorosos na contemplação, amigos da verdade e do bem partilhado e conscientes da força da Providência de Deus Pai, humildes e obedientes até a prova do sangue, fortes e verdadeiros defensores da fraternidade, da comunhão e da justiça, simples, prudentes, coerentes e desapegados de si mesmos, corajosos e perseverantes nas atividades apostólicas. Nós, missionários do mundo inteiro, ó Deus nosso Pai, por Jesus Cristo e em comunhão com o Espírito, vos damos graças e nos empenhamos a sermos vossos discípulos missionários.

Louvor a vós, Jesus Cristo, amigo da humanidade e nosso amigo, Rei dos reis, Senhor da história e Senhor de nossa vida.

Maria, Mãe de Deus, Mãe da Igreja e Rainha das Missões,

Rogai por nós.

"O missionário é o apóstolo da fraternidade universal, e ele continua a missão de Cristo para que o mundo que vem de Deus seja e se torne cada vez mais o mundo de Deus."

São Guido Maria Conforti

Obrigado, crianças, pela lição de vida

"O que importa aos olhos do Senhor não é tanto a grandeza das nossas obras. O que mais importa é o amor com que são feitas."
Santa Teresa de Ávila

Caríssimo Adriano,

Uma das coisas mais importantes da nossa vida é com certeza a simplicidade. Ser simples significa viver o essencial, enxergar e propor o alicerce, abrir caminhos que todos podem percorrer (se quiserem...). Principalmente nas coisas da paróquia, propor uma festa das missões como aconteceu em nossa comunidade constitui para mim algo pedagógico, porque de certa forma é educação, formação, aprendizado.

Aquele dia foi bastante significativo: o objetivo era viver uma tarde na alegria, na paz e na comunhão e, lógico, envolvendo os pais. Quando cheguei, a primeira coisa que percebi foi que havia um ambiente de festa, de diversão, de descontração: crianças e adolescentes corriam pela Igreja que, na verdade, virara um lugar de amizade, com pais sentados conversando e jovens preparando-se para animar a festa das missões.

Percebi logo que o convite feito às mães tinha sido muito bem acolhido: sobre a mesa vi bolos, salgadinhos, refrigerantes, tortas... A comunhão também precisa de gestos concretos para ser verdadeira, e tudo isso era sinal de partilha, de que estávamos construindo algo juntos, simbolicamente pequeno, mas ao mesmo tempo grande e importante. A primeira parte da festa era um momento de propostas, brincadeiras, jogos, encenações. Como sempre, quem conhece pode ensinar; e foram os jovens da comunidade e de outras comunidades da paróquia que animaram as crianças.

Achei bem legal essa postura de tomar atitude, de fazer as coisas acontecerem na maior espontaneidade e simplicidade, dando a própria contribuição, participando e inventando algo simplesmente pelo prazer de enriquecer os outros, a Igreja. Sempre gostei e gosto da atitude de as pessoas tomarem iniciativa nas coisas de uma cidade, de uma comunidade, com a vontade de colaborar como protagonista de uma "peça" em que ninguém deveria ser espectador. Outra coisa de que gostei nessa festa foi a superação de um imprevisto: de repente, faltou energia elétrica, o conjunto de música não podia tocar e animar, ameaçava chover (e depois choveu mesmo): só que tudo isso não provocou transtorno nenhum, ninguém ficou revoltado e aborrecido. Todos nós "levamos na esportiva" e buscamos nos adaptar, fazer o melhor que podíamos.

Lembrei-me de um provérbio africano que reza assim: "Se a gente não tem aquilo que ama, pode sempre amar aquilo que tem". Não é porque faltava energia elétrica que a festa não podia sair legal; aliás, a sabedoria divina e a inteligência emocional nos ajudam a transformar os obstáculos em recursos, as barreiras em pontes, os imprevistos em possibilidades. Outra coisa: na Itália frequentemente gostava de tocar violão e até de cantar músicas africanas (ou da Ásia, ou sei lá...), sempre com o intuito claro de transmitir através dos cantos valores importantes como respeito, tolerância, convívio universal, de fazer do mundo a nossa casa e de pensar que a nossa casa é o mundo. Por isso, peguei o violão meio emocionado e comecei a cantar e ensinar aquele canto de Bangladesh que fala de paz e só tem três palavras (meus cantos, na verdade, nunca foram muito extensos): "assalam, alaikum, borodin", que traduzido significa: paz, para todos e sempre, esperando o dia do Senhor.

A resposta das crianças foi surpreendente porque de fato todos aceitaram as palavras diferentes, cantaram com alegria, respeitando o outro idioma e seguindo à risca os gestos juntos com as palavras (na verdade os meus cantos parecem mais uma dança). Depois, com a ajuda das mães, convidei as crianças a formarem uma roda enorme para esperar a vez de comer bolo, tomar refrigerante. Sem pressa, todas as crianças deram um exemplo lindo de boa educação, de atenção e de cuidado para com os outros. O milagre da comunhão e da partilha é fruto de sentimentos e atitudes que temos no coração. A desconfiança e a ignorância entre as pessoas podem causar mal-estar e até brigas, porque, se uma pessoa acha que tem que comer primeiro, vai disputar para chegar na frente de todos e ter certeza de comer o que quiser; ao contrário, a confiança e a generosidade geram sempre paz, respeito e até alegria, fazendo enxergar o irmão e a irmã não como adversários, e, sim, como parceiros dispostos até a renunciar a nossa "fatia" para favorecer os outros. Nessa festa, todos comeram, ficaram satisfeitos, e até sobrou alguma coisa. Parabéns, crianças, e obrigado pela lição de vida que me deram.

"É o Espírito Santo que transforma os apóstolos em homens de verdade, que os orienta nos caminhos, que ilumina as mentes dos nossos fiéis, que preside os concílios, que sustenta os mártires e a eles inspira aquelas maravilhosas respostas que calam a boca dos opressores."

São Guido Maria Conforti

"Eu quero ver o nosso Senhor e, para isso, é necessário morrer. Porém, na verdade, eu não morro: simplesmente entro na vida."

Santa Teresa de Ávila

Oração missionária

Deus Pai de todos os povos da terra, nós vos louvamos pelo "sim" dos vossos servos, santos e mártires. Contemplando Jesus Cristo, missionário de Deus Pai, eles consagraram a própria vida, história, energias, tudo o que receberam do Espírito Santo vivificador para o anúncio do Evangelho da missão e da vida em plenitude. Nós vos pedimos, por vossos exemplos e por vossa intercessão, aumentai nossa fé, nossa confiança, perseverança e suscitai vocações missionárias aqui e além-fronteiras. Os apóstolos e os santos sempre viveram com força, fé e serenidade a própria entrega total no coração de Jesus e no colo de Maria, Virgem Mãe Santíssima, amando nossa Igreja e testemunhando o Evangelho. Gratos por esses exemplos de todas as virtudes relacionadas com a caridade, a misericórdia, a reconciliação, nós, missionários do mundo inteiro, ó Deus nosso Pai, por Jesus Cristo em comunhão com o Espírito Santo, vos damos graças e nos empenhamos a sermos vossos discípulos missionários.

Louvor a vós, Jesus Cristo, amigo da humanidade e nosso amigo, Rei dos reis, Senhor da história e Senhor de nossa vida.

Maria Mãe de Deus, Mãe da Igreja e Rainha das Missões,

Rogai por nós.

"Jesus Cristo, na nova aliança, instituiu um sacrifício inefável e perene que de verdade atualizasse o sacrifício da Santa Cruz e ao mesmo tempo significasse e realizasse aquela união com os discípulos, união que se torna objetivo da missão da Igreja, Igreja que procura unir os homens com Deus."

São Guido Maria Conforti

Distribuindo um pequeno pedaço de pão

"O verdadeiro humilde sempre duvida das próprias virtudes e considera maiores as qualidades que vê na vida dos irmãos."
Santa Teresa de Ávila

Caríssimo Adriano...

Uma vez alguém me disse que tudo na vida é uma ocasião, uma oportunidade, de acordo com o nosso modo de ver as coisas; até mesmo alguns imprevistos ou coisas parecidas, como pequenas falhas, empecilhos, omissões podem se tornar lições de vida. E isso aconteceu! Como sempre, naquele dia depois da santa missa, a intenção era distribuir a uva e o pão que o povo tinha trazido durante a apresentação das ofertas, simbolizando a vida da comunidade como partilha e comunhão entre nós e com Deus.

Geralmente sempre me preocupo em escolher alguém que possa ficar no corredor justamente para distribuir o pão e a uva, principalmente às crianças que sempre gostam de receber presentes. Só que, não lembro bem por que falhei, depois daquela celebração não encontrei ou não apareceu ninguém disposto a ajudar-me nessa simples tarefa e, por isso, decidi descer do presbitério e ficar no meio do corredor central. Foi muito interessante porque este fato me obrigou a permanecer mais tempo na Igreja e depois me surpreendi não tanto pelo gesto, e sim porque percebi alguns fatos que me tocaram.

De início, me chamou atenção que a maioria das crianças ficou na Igreja, inventando uma fila mais ou menos organizada com as crianças pequenas que não tinham idade para comungar. Naqueles momentos pude constatar como um simples gesto de partilha atraía todo mundo sem muita burocracia, na maior paz e alegria, pois nada de sair depressa da Igreja, quase correndo sem cumprimentar ninguém. Tive que ficar muito atento, bem centrado e vigilante, calculando o tamanho dos pedaços de pão que estava dando: o pão caseiro era bem grande e a fila também; e a última coisa que queria era dar muito aos primeiros e depois não poder dar nada aos outros. Tornou-se para mim uma questão de muita atenção e também de credibilidade: não podia e não queria permitir que alguém ficasse reclamando que o padre não soube dividir e distribuir os pedaços de pão para todos, que não fez as coisas com justiça e cometeu desigualdades! E, graças a Deus, deu tudo certo!

O que me deixou um pouco mais pensativo foi que naquela fila, depois da santa missa, não havia somente crianças e sim também adultos, mães, pais, até avós, querendo receber um pedacinho de pão; isto é, o desejo de comunhão, de participação, recebendo um pedaço de pão bento (talvez, naquele momento, símbolo de carinho e de atenção), envolveu a nossa comunidade em geral.

A fila não acabava nunca. E isso me fez pensar nos casais que participam da Igreja e não podem comungar, nas pessoas que por vários motivos naquela celebração não comungaram. No coração destas pessoas o simples gesto de receber um pedaço de pão caseiro podia significar pertença, gratidão, igualdade. Foi assim que interpretei a presença de vários adultos na fila, querendo receber um pedaço de pão caseiro, junto com as crianças. Todo mundo sabe que ter crianças participando da liturgia pode às vezes dar dor de cabeça, porque elas de repente podem começar a chorar, correr, gritar... Agora, naquela fila, dando um pequeno pedaço a todos, eu via só alegria, sorrisos, festa, respeito e muita, muita paz. Ninguém, que eu saiba, entrou duas vezes na fila, tentando lograr os outros, todo mundo se respeitou, num clima de alegria.

Esta simples partilha veio me confirmar a beleza de como seria bom e agradável, principalmente aos domingos, Dia do Senhor e da comunidade, ao sairmos de nossas celebrações, criar um clima de partilha, de diálogo, de amizade! Seria muito legal que a comunidade organizasse alguma coisa para que as pessoas pudessem se conhecer melhor, trocar ideias e criar cada vez mais laços de fraternidade, solidariedade e comunhão. Nunca pensei em malabarismo, show, coisas gigantescas: sonho com coisas simples, pequenas, quase pretextos para que as pessoas vivam com mais confiança uma pedagogia da comunhão e de participação. São pequenas coisas (um bolo de vez em quando, um brinde para as crianças, um chá ou café, não importa) que fazem você se sentir bem acolhido e desejar ficar um pouco mais na Igreja, sem voltar depressa, quase correndo para casa.

E se um dos mais graves problemas das nossas comunidades é sentir na pele uma sensação estranha de solidão, de anonimato, então, seja qual for o pretexto ou a oportunidade que oferecerem para você depois da missa, o que no fundo, no fundo, interessa mesmo é saber que, seja com um sorriso no rosto ou transmitindo alegria com os olhos, alguém se deu conta de que você existe e demonstra querer dizer-lhe: "Obrigado por você estar aqui. Que bom que veio. Sem você, a nossa comunidade, o nosso mundo seria mais pobre".

> *"Nunca esqueçam que Jesus Cristo instituiu o banquete eucarístico não para os anjos, mas para os homens, porque ele bem conhecia as nossas misérias e enfermidades."*
> São Guido Maria Conforti

> *"Quando Deus olha para nós, ele sempre nos ama e nos concede muitas graças."*
> Santa Teresa de Ávila

Oração missionária

Deus Pai de todos os povos da terra, nós vos louvamos pelo "sim" dos vossos servos, santos e mártires. Contemplando Jesus Cristo, missionário de Deus Pai, eles consagraram a própria vida, história, energias, tudo o que receberam do Espírito Santo vivificador para o anúncio do Evangelho da missão e da vida em abundância. Nós vos pedimos, por vossos exemplos e por vossa intercessão, aumentai a nossa fé, nossa confiança e perseverança e suscitai vocações missionárias aqui e além-fronteiras.

Deus Pai, vós quisestes no vosso projeto de Amor infinito reunir todas as nações do mundo numa só grande família e num só rebanho sob um só pastor: Jesus Cristo, vosso Filho e nosso único Mestre, Redentor e Senhor. Nós vos louvamos, ó Deus Pai, porque revelastes aos vossos humildes santos e discípulos este plano de Amor e vos agradecemos porque, por meio do vosso Espírito defensor, comunicastes-lhes um desejo vivíssimo e uma vontade firme de realizar este plano, tornando-os apóstolos, construtores de comunidades, as quais têm como princípio o mandamento do amor; como condição, a alegria do perdão; como preocupação, a lógica do amor gratuito, desinteressado e servical. Nós, missionários do mundo inteiro, ó Deus nosso Pai, por Jesus Cristo e em comunhão com o Espírito, vos damos graças e nos empenhamos a sermos vossos discípulos missionários.

Louvor a vós, Jesus Cristo, amigo da humanidade e nosso amigo, Rei dos reis, Senhor da história e Senhor de nossa vida.

Maria, Mãe de Deus, Mãe da Igreja e Rainha das Missões,

Rogai por nós.

"Nós acreditamos que Deus vela por nós, ele nos abraça como uma mãe abraça o próprio filho pequeno que não sabe andar sozinho."

São Guido Maria Conforti

Festa das Missões

"Se no dia em que o nosso Deus quiser nos encontrar nós não respondermos, pode acontecer que não consigamos encontrá-lo no dia em que nós queremos."

Santa Teresa de Ávila

Caríssimo Adriano...

A ideia era simples: uma tarde bem legal com um título cativante: "Festa das Missões"; um convite para as crianças e adolescentes da favela, a escolha do dia da festa durante a semana da padroeira da comunidade, um roteiro mais catequético do que litúrgico, com os cantos missionários, um momento de adoração ao Santíssimo Sacramento, uma proposta de enviar uma carta além-fronteiras, um sorteio de prêmios.

E tudo isso se realizou. A surpresa foi o que aconteceu depois; e talvez seja o mais importante. Numa lógica de semear e iniciar as coisas e numa visão pedagógica de animar a comunidade é importante o que aconteceu, é muito mais importante o que nós fazemos ou não acontecer. A primeira surpresa: as mulheres que vivem na favela, em torno do santuário, participaram da festa com os filhos – faz quase um ano que rezo a santa missa nesta comunidade de periferia e mesmo divulgando os horários das celebrações aquelas mulheres nunca tinham aparecido em nossa Igreja.

A segunda surpresa foi o envolvimento e a preparação da comunidade, que alguns dias antes resolveu avisar de porta em porta a data da festa, da missa, do tríduo e tudo mais. Interessante: uma comunidade acolhedora sai de si mesma, vai ao encontro dos outros e convida os vizinhos a partilhar um momento de alegria, comunhão, amizade e fé.

A terceira surpresa foi a presença de algumas comunidades da nossa paróquia, que aceitaram a nossa proposta e deram a própria contribuição ajudando, animando, facilitando o bom êxito. A festa de uma comunidade (e temos dezesseis comunidades) torna-se festa de uma paróquia quando as outras comunidades participam, colaboram, ficam atentas, solidárias, presentes.

A quarta surpresa foi a mais significativa: uma catequista da Infância e Adolescência Missionária decidiu ajudar comprando salgadinhos e oferecendo-os para todos. Sempre gostei da ideia de que numa Festa das Missões algumas coisas possam ser vendidas em prol da comunidade, outras sorteadas e outras ainda dadas. A distribuição dos salgadinhos foi um sinal de que existe a economia da solidariedade na qual a única motivação para ajudar os outros é a alegria de ajudar mesmo, valorizando pequenos gestos: amar por amor, gratuitamente. E oferecer um lanche com 150 salgadinhos foi um sinal de comunhão, atenção e participação. Gostei muito!

Também outro símbolo apareceu bem evidente naquela festa e me deu muita paz no coração. Em frente à Igreja há um espaço em que geralmente as crianças brincam com bola ou andam de bicicleta ou criam outros momentos de competição (às vezes de briga!). Naquele dia da Festa das Missões, por causa dos cantos da Infância e Adolescência Missionária, aquele espaço tornou-se um lugar para inventar uma roda bem legal, em que todos deram as mãos e cantaram a mesma música. O clima da festa criou inclusão: quem ficou de fora, foi porque quis; todos foram convidados.

Seguimos a lógica da inclusão (ou ao menos da não exclusão) para produzir algo valioso; arrecadar bastante dinheiro não é o primeiro objetivo da Festa das Missões: na roda da festa aquilo que vale mesmo é nos sentirmos acolhidos, nos percebermos parte de um mundo, de uma história da salvação, recebendo e apertando as mãos num sonho de vivermos como família, diferentes e iguais ao mesmo tempo. Fala-se muito em combater a violência, as injustiças, a escravidão; e fala-se muito também em prevenir, detectar os problemas, criar uma cultura de não violência, de paz, de superação do ódio, de fraternidade.

Aquilo que vi nesta Festa das Missões está simplesmente ao lado do viver saudável, da dignidade profunda de sermos filhas e filhos de Deus Pai. Sinal de uma paróquia, de uma Igreja cada vez mais discípula e missionária, acolhedora e solidária, que gosta de viver a paz, de conviver na paz. Uma comunidade que sente a alegria de acolher e semear o Evangelho da esperança na comunhão, na solidariedade, imaginando que, se Deus puder sorrir, ao ver aquela roda da nossa Festa das Missões, é bem provável que naquele dia tenha mostrado no próprio coração de Pai um terno e singelo sorriso de carinho e alegria.

> *"Para a missão, vocês necessitam de um patrimônio excepcional de virtudes. E estas, com afeto de irmão e com coração de pai, desejo a vocês, imploro e peço a Deus, que os escolheu para a grande obra missionária."*
>
> São Guido Maria Conforti

> *"Desde que vós abraçais somente o vosso Criador, sem nenhuma preocupação com as coisas criadas, Sua Majestade, o Senhor, vos proporciona as virtudes, de modo que vos basta fazer, pouco a pouco, o que vos for possível, para não terdes muito mais a combater."*
>
> Santa Teresa de Ávila

Oração missionária

Deus Pai de todos os povos da terra, nós vos louvamos pelo "sim" dos vossos servos, santos e mártires. Contemplando Jesus Cristo, missionário de Deus Pai, eles consagraram a própria vida, história, energias, tudo o que receberam do Espírito Santo vivificador para o anúncio do Evangelho da missão e da vida em abundância. Nós vos pedimos, por vossos exemplos e por vossa intercessão, aumentai a nossa fé, nossa confiança, perseverança e suscitai vocações missionárias aqui e além-fronteiras. Deus Pai, vós escolhestes os vossos servos e santos, exemplos de vida consagrada e de doação total. A pobreza, a castidade e a obediência são dons maravilhosos infundidos pelo Espírito e também são promessas de um seguimento mais radical de Jesus Cristo, que viveu pobre, virgem e obediente. A consagração é o mais claro testemunho da transcendência dos bens do Reino dos Céus e de vossas exigências supremas; é um sinal eficaz do infinito poder do Espírito Santo que opera admiravelmente na Igreja e transforma as fraquezas e triunfa sobre as fragilidades das criaturas. Nós, missionários do mundo inteiro, ó Deus nosso Pai, por Jesus Cristo e em comunhão com o Espírito, vos damos graças e nos empenhamos a sermos vossos discípulos missionários.

Louvor a vós, Jesus Cristo, amigo da humanidade e nosso amigo, Rei dos reis, Senhor da história e Senhor de nossa vida.

Maria, Mãe de Deus, Mãe da Igreja e Rainha das Missões,

Rogai por nós.

"Jesus Cristo não colocou nas coisas humanas a força para a conversão do mundo, e sim na força do Evangelho: por isso o ministro de Deus tem que ser, sobretudo, homem da fé e da caridade."

São Guido Maria Conforti

Dia da Primeira Eucaristia

*"Vocês pensam que Deus não fala
porque não se ouve a sua voz?
Quando é o coração que reza, ele responde."*
Santa Teresa de Ávila

Caríssimo Adriano...

Ouvi dizer que falar muito de passado, de saudades, de fatos acontecidos é sinal de envelhecimento: talvez seja. Estou envelhecendo, e com uma mais visão introspectiva, com mais vontade de lembrar coisas e pessoas que fazem e fizeram parte da minha vida e da minha história. Ontem, mais uma vez, celebrando a santa missa da Primeira Eucaristia de um grupo de adolescentes em uma nossa comunidade, comecei a pensar na primeira vez em que comunguei o Santíssimo Corpo de Cristo. Fiquei emocionado.

Lembrei-me de tudo, não dos pormenores, e sim da essência da minha caminhada: a preparação na catequese com as irmãs da minha paróquia (Irmã Gesuina e Irmã Elisabetta), as catequistas ajudando-me a entender melhor o Evangelho e a vida de Jesus, a Ação Católica, que me formou nos valores da vida e me ensinou a amar a Igreja. Recordo-me do dia da festa da minha Primeira Eucaristia (dia 8 de maio 1973, na minha paróquia de São Bernardo, em Cremona), da emoção com o coração muito agitado, do carinho da minha família presente, daquela concentração de povo na Igreja superlotada, do terno que usei (as outras duas vezes em que usei terno foi ao receber o sacramento da Confirmação e no dia em que me tornei sacerdote...).

Tinha oito anos e aquela experiência me deu muita força, alegria, confiança, fazendo-me sentir bem, gente grande, importante, justamente pelo fato de Cristo estar entrando mais profundamente na minha vida.

Lembro-me muito bem dos anos depois da Primeira Eucaristia: a alegria de comungar quase todos os domingos, a responsabilidade e a seriedade de ser um bom coroinha, atento, prestativo, concentrado, sabendo que era um dos poucos da minha turma na escola a estar firme na Igreja. E isso não me atrapalhava; aliás, pelo contrário: o fato de eu procurar sempre a Igreja, gostar muito da paróquia, ter o pároco como pai, amigo... me levava a questionar sobre o meu futuro. Aquela palavra de Jesus: "Tu és pescador de homens" ficava sempre na minha cabeça: não entendia e queria entender; não sabia e queria saber.

Curiosamente, depois de ser padre comecei um trabalho não como pároco, e sim como promotor vocacional, que continuo até hoje e (se Deus quiser!) vou seguir até o último minuto de minha vida. Deve ter sido assim: a Primeira Eucaristia foi uma semente que desabrochou em muita coisa que fiz depois com consciência e coragem, e isto só aconteceu porque o começo da vocação estava já semeado no meu coração. É claro que as coisas visíveis e materiais aparecem mais; a tal ponto que parece que o mais importante e o mais gratificante seja aquilo que podemos observar.

Lembro-me de que a Primeira Eucaristia significou também: tirar a primeira fotografia com terno e luvas brancas num fotógrafo oficial (foto que por sinal ficou no mesmo lugar na estante da sala de TV e que só desapareceu porque foi substituída pela foto da minha ordenação sacerdotal, dezessete anos depois); acolher os meus parentes no primeiro almoço que eu me lembre na casa dos meus avós... O curioso é que tudo isso e mais um pouco tocou meu coração ontem durante a Primeira Eucaristia deste grupinho de adolescentes.

Talvez seja isso: celebrando a festa da Primeira Eucaristia, vou redescobrindo a minha história de fé, como Deus me encontrou, me amou e entrou na minha vida; vou revivendo sentimentos de alegria e gratidão, principalmente pensando em todas as pessoas que ajudaram a me tornar o padre que sou hoje: que, com palavras, gestos, atitudes, me ensinaram a escolher e a viver o maravilhoso do caminho do Evangelho e da Igreja serva missionária. Se pudesse enviar este testemunho para todas as pessoas que fizeram parte do meu passado, gostaria de dizer-lhes (mesmo sabendo que não seria necessário: todo mundo sabe disso!) que, se é verdade que "ninguém pode tirar da minha vida a dança que dancei e o canto que cantei", aquele menino chamado Gabriel, que com oito anos recebeu pela primeira vez a Sagrada Eucaristia, no dia 8 de maio de 1973, não morreu. E não quero que desapareça: preciso dele.

"Quando uma alma não tem a união íntima com Deus, acontece com ela o mesmo que com as garrafas de vinho e de qualquer licor bom, as quais, uma vez abertas, perdem o valor e o sabor."
São Guido Maria Conforti

"São felizes as vidas que se consumirem no serviço da Igreja."
Santa Teresa de Ávila

Oração missionária

Deus Pai de todos os povos da terra, nós vos louvamos pelo "sim" dos vossos servos, santos e mártires. Contemplando Jesus Cristo, missionário de Deus Pai, eles consagraram a própria vida, história, energias, tudo o que receberam do Espírito Santo vivificador para o anúncio do Evangelho da missão e da vida em abundância. Nós vos pedimos, por vossos exemplos e por vossa intercessão, aumentai a nossa fé, nossa confiança, perseverança e suscitai vocações missionárias aqui e além-fronteiras. Os apóstolos, os discípulos, os santos passaram, como Jesus, fazendo o bem a todos, pregando e anunciando a Vida Nova do Reino dos Céus, curando e consolando todas as fraquezas e enfermidades, desesperos e angústias. Na vida e no coração de muitos santos, catequistas, profetas e mártires, a consagração missionária além-fronteiras é a libertação mais radical dos bens visíveis e precários para uma capacidade de amor que se faz doação mais universal e para uma mais plena imolação pelos irmãos, principalmente os que não têm religião. Gratos por tantos dons, pelos exemplos de vidas de consagração a Cristo, nós, missionários do mundo inteiro, ó Deus nosso Pai, por Jesus Cristo e em comunhão com o Espírito Santo, vos damos graças e nos empenhamos a sermos vossos discípulos missionários.

Louvor a vós, Jesus Cristo, amigo da humanidade e nosso amigo, Rei dos reis, Senhor da história e Senhor de nossa vida.

Maria, Mãe de Deus, Mãe da Igreja e Rainha das Missões,

Rogai por nós.

> *"Cada um de nós tem que se esforçar em adquirir um bom caráter, rico de sinceridade, compaixão e firmeza, porque quem tem tais virtudes possui o segredo do bom êxito nas obras missionárias."*
>
> São Guido Maria Conforti

Três sementes plantadas no coração da África

"O Senhor sempre nos dá oportunidade para oração, quando a queremos ter."
Santa Teresa de Ávila

Caríssimo Adriano...

No dia 30 de setembro de 1995, em Buyengero, uma paróquia missionária do Burundi no coração da África, os padres xaverianos Otorino Maule e Aldo Marchiol e a missionária leiga Catina Gubert foram mortos na própria casa, por causa de Cristo e do Evangelho da caridade. Depois de dez anos destas mortes sangrentas, queremos lembrar, rezar, refletir e reconhecer o significado e os frutos que brotaram daquela fidelidade a Deus e à Igreja, fidelidade que é a qualidade fundamental do apóstolo e discípulo do Reino dos Céus, e que eles com coragem e dedicação souberam viver até o fim.

Os três túmulos na paróquia de Buyengero representam até hoje um marco, uma referência, uma meta de romarias e peregrinações do povo do Burundi: os três mártires, como sementes plantadas no coração da terra, brotam e continuam presentes nas orações, preces, intenções e propósitos de quem não esqueceu (e não quer esquecer), porque encontra na memória dos três missionários um motivo de esperança, de coragem, de perseverança nas escolhas da própria vida e da própria missão aqui neste mundo.

O significado do martírio está na lógica da cruz que Cristo aceitou por amor, como resposta total ao amor infinito de Deus Pai, vivendo a própria vida como oferenda, sacrifício e ressurreição: como ele e com ele, os mártires de todos os tempos e lugares nos ensinam que o amor é verdadeiro quando se manifesta na fidelidade e que dar a vida pelos irmãos, perdoando os inimigos, é sinal de que Deus está presente no meio de nós e sempre nos protege.

Nesse sentido, as palavras do missionário xaveriano Padre Modesto (que na época da morte dos três missionários era superior religioso da região de Burundi) representam um consentimento sincero e profundamente enraizado no coração de quem deixou tudo para seguir a Cristo na missão além-fronteiras: "Como missionários, perguntamo-nos de onde veio tanta violência e crueldade aqui em nosso país. A resposta está na lógica dramática da guerra e do ódio. Os nomes dos nossos três mártires estão na multidão dos mártires inocentes, mais de 350 mil, só em Burundi, nestes anos. Como missionários, somos parte desta história, desta Igreja, deste país e desta tragédia. Nossos três irmãos são também irmãos do povo de Burundi e deram o próprio sangue por causa do Evangelho da caridade. Como o povo de Burundi, nós também perdemos nossos queridos amigos, confrades na vida e na consagração missionária. Pensando nos mártires de Burundi e em todos os mártires dos povos do mundo, a nossa oração hoje sobe até os céus e se espalha em todo lugar: é e será sempre uma prece, invocação pela paz, reconciliação, justiça e fraternidade".

Os frutos do martírio dos três missionários de Buyengero estão presentes e resplandecem numa leitura de fé que queremos fazer reconhecendo as maravilhas de amor, comunhão e reconciliação que a bondade de Deus realizou nestes últimos anos na vida, na terra, na Igreja do povo de Burundi, a partir do sangue derramado dez anos atrás.

O primeiro fruto depois de 1995 foi o ano de 1996, quando, em Roma, o Papa João Paulo II beatificou o fundador dos missionários xaverianos, Guido Maria Conforti. O milagre que contribuiu de uma forma decisiva para a beatificação aconteceu justamente na terra dos nossos mártires, em Burundi. Como se existisse uma única e abrangente corrente de amor atravessando os mares e as comunidades, os três mártires xaverianos e o nosso querido fundador (de certa forma) se tornaram parte de uma única história de fé, doação e serviço: a terra de Burundi recebeu o sangue dos nossos mártires; a mesma terra acolheu o milagre que confirmou as virtudes, o exemplo e a santidade de Guido Maria Conforti.

O segundo fruto aconteceu no ano de 2005: foi o nascimento de uma nova paróquia, iniciada pelos nossos xaverianos na cidade de Bujumbura. É uma iniciativa que mostra mais uma vez a dedicação, a vontade e o testemunho dos 20 xaverianos presentes na terra de Burundi, os quais, continuando o legado dos três mártires da caridade, querem viver a própria missão como serviço a Deus em tudo e acima de tudo, colaborando com a Igreja na África.

E quem vive como nós a própria vida como consagração missionária além-fronteiras, sabe muito bem o que significa abrir uma nova paróquia nas obras de evangelização: é, ao mesmo tempo (e muito mais do que isso), planejamento, confiança, entusiasmo, colaboração com os bispos, compromisso de uma família religiosa que vive com responsabilidade e criatividade a própria encarnação.

Conhecendo os três mártires (Padre Otorino e Padre Aldo eram meus amigos; e me lembro da energia que recebi das palavras da missionária Catina na única vez em que conversei com ela na Itália), com certeza todos ficaram felizes com a notícia, acompanhando o crescimento dessa nova paróquia com a maior alegria lá nos céus.

O terceiro fruto é a realização de um sonho que depois de anos tornou-se realidade (e também imagino mais uma vez que os três mártires – lá nos céus – torceram e muito por seu bom êxito): os nossos confrades de Burundi abriram as portas da nossa família xaveriana para que um dia (depois de preparação, discernimento e formação) alguns jovens de Burundi se tornem sacerdotes e missionários além-fronteiras.

O processo de acompanhamento vocacional que há pouco tempo iniciou-se nos projetos da região xaveriana de Burundi nos diz que a missão e a animação vocacional fazem parte da vida, da identidade e da finalidade da nossa Igreja. A vocação é um dom, um presente, uma proposta, um convite: os jovens que responderem "sim" ao chamado de Deus se tornam discípulos do Reino dos Céus e construtores de comunidades vivas, de amizades verdadeiras e até de um mundo mais irmão, solidário, fraterno e acolhedor.

O sangue dos mártires é sempre fonte de esperança em nossa vida e na vida dos povos do mundo.

> *"Temos só uma arma, o crucifixo, porque ele possui o poder de Deus e, por causa disso, nós podemos vencer a tudo e a todos, depois de termos triunfado sobre o nosso coração."*
> São Guido Maria Conforti

> *"O que vocês possuíram na fé, esta presença de Jesus Cristo ressuscitado, não é um artifício. Eu encontrei o Senhor, posso viver e experimentar sua presença."*
> Santa Teresa de Ávila

Oração missionária

Ó mártires da caridade, intercedei por nós para que nossas missões sejam casa do povo e casa de Deus.

Ó mártires de Cristo, ensinai-nos a viver a nossa consagração com perseverança, humildade e coragem.

Ó mártires do Evangelho, velai por nós para que nossas famílias realizem gestos de amor sincero e verdadeiro.

Ó mártires do Reino dos Céus, acompanhai nossas preces para que os jovens vocacionados da África e do mundo respondam "sim" a Deus Pai.

Ó mártires do anúncio, intercedei por nós para que nossas palavras anunciem e revelem a bondade de Deus.

Ó mártires da esperança, ensinai-nos a viver a nossa vida como entrega total nas mãos de Deus e no coração de Maria, tornando nossa missão um testemunho autêntico de paz, reconciliação, justiça e fraternidade.

Louvor a vós, Jesus Cristo, amigo da humanidade e nosso amigo, Rei dos reis, Senhor da história e Senhor de nossa vida.

Maria, Mãe de Deus, Mãe da Igreja e Rainha das Missões,

Rogai por nós.

"Agradeço de coração ao Senhor, que concedeu aos nossos missionários a graça de começar a missão deles juntamente com todos os mártires que trabalharam e sofreram pela dilatação do Reino dos Céus."

São Guido Maria Conforti

Impresso na gráfica da
Pia Sociedade Filhas de São Paulo
Via Raposo Tavares, km 19,145
05577-300 - São Paulo, SP - Brasil - 2015